MAURICE THIÉRY

LE

SIEGE DE LILLE

EN 1792

précédé de ceux de 1667 et de 1708

Prix : **20** Centimes

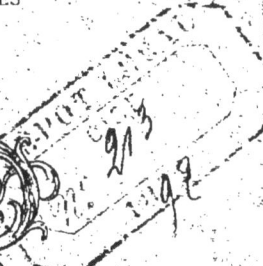

PARIS

H. LECHEVALIER, Libraire-Éditeur,

39, quai des Grands-Augustins, 39.

M D CCC XCII

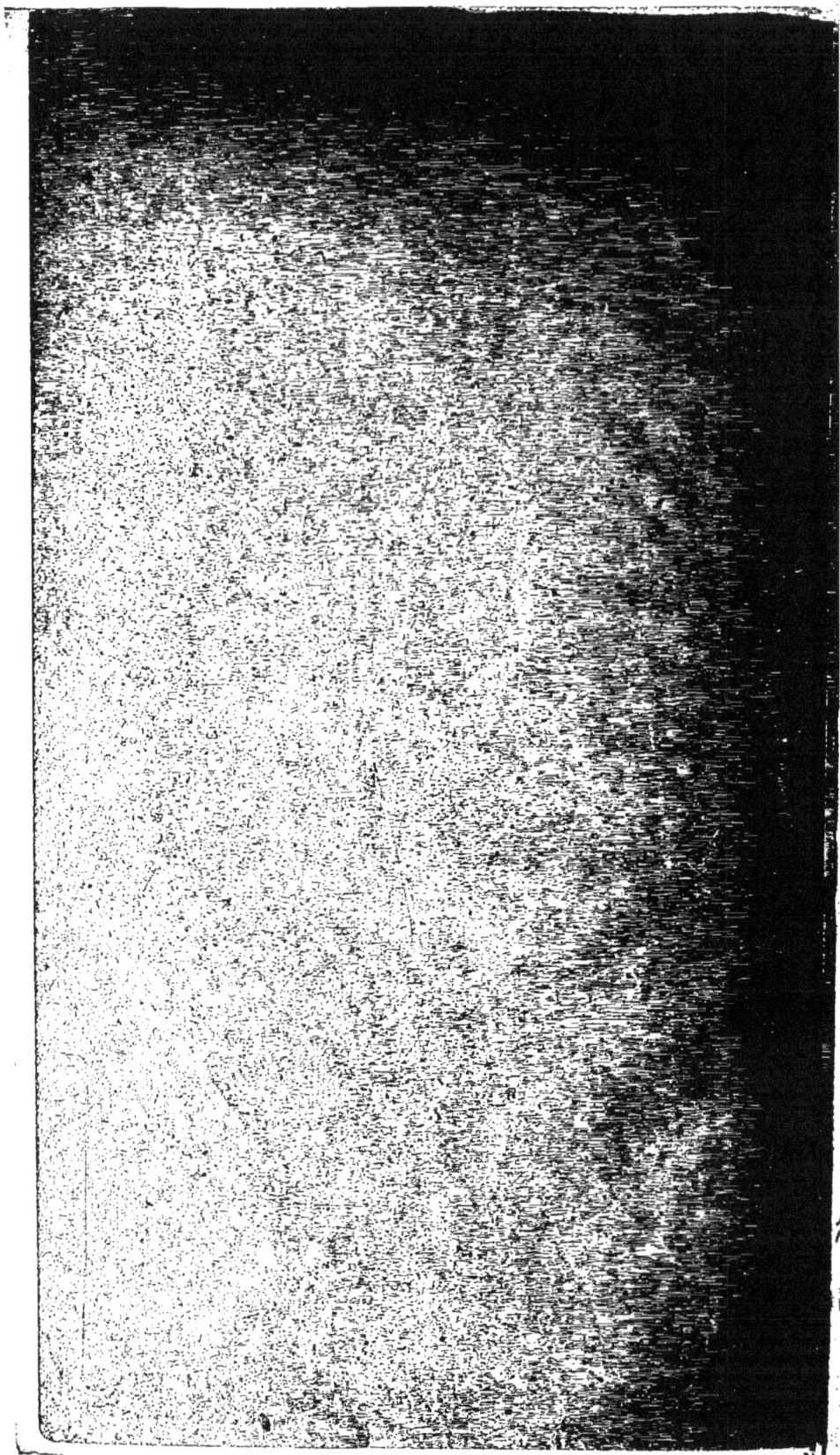

LES SIÈGES DE LILLE

DU MÊME AUTEUR :

LES FIANCÉS DE ROSALIE, vaudeville
en un acte.

HECTOR CRINON, étude littéraire.

MÉHUL,   id.

LE SAGE,   id.

EN PRÉPARATION :

*LES CHANSONS POPULAIRES DU
NORD.*

CONTES D'MEIN VILLAGE, nouvelles en
patois picard.

L'ABBÉ PRÉVOST, notice littéraire.

MAURICE THIÉRY

LE

SIÈGE DE LILLE

EN 1792

précédé de ceux de 1667 et 1708

PARIS

E. LECHEVALIER, Libraire-Éditeur

39, quai des Grands-Augustins

—

M D CCC XCII

—

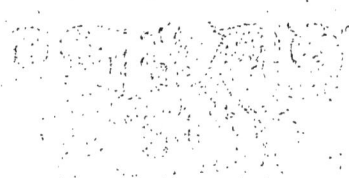

LES SIÈGES DE LILLE

La ville de Lille, située sur une frontière décou-
verte, objet d'une convoitise perpétuelle pour la
France, pour l'Espagne et pour l'Autriche a eu à es-
suyer de l'une ou de l'autre de ces puissances les plus
terribles attaques. Trois surtout occupent dans l'histoire une place légitime.

I. — LE SIÈGE DE 1667.

A la mort de Philippe IV, roi d'Espagne (1665)
Louis XIV réclama à son beau-frère Charles II la
cession entière du duché de Brabant et des pays en-
vironnants, qui constituaient, à ses yeux, le prix de
la renonciation de Marie-Thérèse, sa femme, à la

succession au trône d'Espagne. Il appuya cette récla-
mation de trois armées qu'il fit entrer en Flandre au
milieu de l'année 1667. Il se mit à la tête de la plus
nombreuse, commandée par Turenne, sous ses ordres,
et après s'être emparé de plusieurs villes de la Flandre,
alla mettre le siège devant Lille, opération dont la di-
rection fut confiée à Vauban. Lille était déjà une des
plus fortes places de ces contrées : 14 bastions, un
double fossé, une garnison de 6.000 hommes et
50.000 habitants aguerris semblaient promettre une
énergique résistance. Mais une armée commandée par
Turenne et Vauban ne devait pas rencontrer d'obstacles invincibles.

En effet, le siège fut commencé le 19 août 1667 par
l'ouverture d'une tranchée et le 27 les assiégés capi-
tulaient.

II. — LE SIÈGE DE 1708

Le deuxième siège fut la conséquence de la succession d'Espagne qui avait armé toute l'Europe contre
la France et qui fit de la Flandre le théâtre d'une
guerre des plus sanglantes.

Le prince Eugène, le 12 août 1708 investit Lille avec
une armée de plus de 30.000 hommes, de 120 gros
canons et 80 mortiers.

Lille comptait 10.000 soldats et une nombreuse et
vaillante population. Elle avait de plus, pour diriger

ses opérations, un homme d'une brillante valeur et d'une grande fermeté de caractère, le vieux comte de Boufflers, gouverneur de la Flandre française.

Les ennemis ouvrirent la tranchée dans la nuit du 22 au 23 août.

Le siège fut héroïque, mais la lâcheté du duc de Bourgogne, qui, au lieu de livrer bataille aux ennemis, passait son temps en prières et en capucinades, força Boufflers, réduit par la famine, après 4 mois d'un des plus beaux sièges dont parle l'histoire, à demander la capitulation pour ne pas faire saccager une ville qui avait montré tant de courage et de dévouement. Le prince Eugène lui écrivit de régler lui-même les conditions de la capitulation. La garnison se trouvait réduite de 10.000 à 5.600 hommes. Louis XIV récompensa Boufflers comme s'il avait remporté une grande victoire et le créa pair et maréchal de France.

III. — LE SIÈGE DE 1792.

En 1792, Lille eut à subir, de la part des Autrichiens et des Prussiens, un siège plus terrible que les deux précédents. A cette époque dit Gaffarel dans sa « Défense nationale en 1792 », cette ville passait pour un chef d'œuvre de place forte. Son enceinte dessinait un pentagone irrégulier où les ouvrages étaient accumulés et disposés de telle sorte que l'extérieur était canonné de tous côtés. Neuf fronts de fortifications,

17 batteries, un fort détaché (S' Sauveur), une citadelle imposante, tels étaient les principaux obstacles
dont l'ennemi avait à triompher. Lille avait surtout une
population énergique entre toutes et disposée à tous
les sacrifices pour maintenir l'intégrité du territoire
et l'honneur du pays. Le 24 Septembre, l'armée Autrichienne, commandée par le duc de Saxe-Teschen,
et forte d'environ 25.000 combattants, vint camper
devant Lille que défendait le général Ruault avec une
garnison de 10.000 hommes. Dans de telles circons-
tances les ennemis ne pouvaient se flatter d'empor-
ter la ville de vive force et ils devaient tout au plus
se promettre un bombardement barbare et inutile;
mais la haine que leur inspirait la Révolution fit taire
chez eux la loi de l'humanité et fit oublier les lois qui
régissent la guerre entre des peuples civilisés. Ils n'a-
vaient même pas assez de troupes pour former un
investissement complet, de sorte que tout le côté de
la porte d'Armentières demeura libre, et que la place
conserva ses communications avec Dunkerque. Néan-
moins le duc de Sax-Teschen espéra s'emparer de la
ville en l'écrasant sous une pluie de bombes et de boulets rouges, mais la vaillante population lilloise et la
garnison ne devaient lui laisser que la honte de la
sauvage exécution qu'il préméditait. Le major autri-
chien d'Aspes, précédé d'un trompette, porte au général Ruault et à la municipalité la sommation sui-
vante :

« A la municipalité de Lille ! Etabli devant votre
ville avec l'armée de Sa Majesté l'Empereur et Roi

confiée à mes ordres, je viens, en vous sommant de la rendre ainsi que la citadelle, offrir à ses habitants sa puissante protection. Mais, si, par une vaine résistance, on méconnaissait les offres que je leur fais, les batteries étant dressées et prêtes à foudroyer la ville, la municipalité sera responsable à ses concitoyens de tous les malheurs qui en seraient la suite nécessaire. »

Les Lillois répondirent à cette sommation insolante :

« Nous venons de renouveler notre serment d'être fidèles à la nation, de maintenir la liberté et l'égalité, ou de mourir à notre poste, nous ne sommes point des parjures. »

Alors commença un effroyable bombardement : dans l'intervalle de six jours, 6,000 bombes et 30,000 boulets tombèrent sur la malheureuse cité. Mais Lille ne tarda pas à recevoir des renforts et les autrichiens commençant à désespérer d'y pénétrer, ralentirent leur feu, qui cessa entièrement le 6 octobre.

L'invasion autrichienne échouait plus piteusement encore que l'invasion prussienne. La résistance de Lille sauvait la France au Nord, comme la canonnade de Valmy avait arrêté les ennemis à l'Est.

L'effet produit par le siège de Lille fut immense à à Paris. Une foule d'adresses et de félicitations furent envoyées aux habitants de l'énergique cité. Il y eut plusieurs pièces lyriques et l'opéra-comique joua *le Siège de Lille*.

La Convention décréta que Lille avait bien mérité

de la Patrie, et que le nom de Lille serait donné à une des principales rues de la Capitale. Enfin, on composa, sur ce sujet, beaucoup de poésies.

Les traits d'une fermeté stoïque se multiplièrent pendant ce siège mémorable : Un boulet de canon perça un mur de la salle des séances de l'assemblée électorale et passa entre un curé nommé Marchiennes et le secrétaire de l'assemblée. « Mes amis, dit le premier, nous sommes en permanence, je fais la motion que ce boulet y soit aussi et qu'il reste dans ce lieu comme un monument de notre fermeté. »

Le duc de Saxe-Teschen, apprenant que des troupes françaises se portaient au secours de la place, leva précipitamment le siège, n'emportant avec lui, pour tout trophée, que la honte d'un échec et d'une cruauté exercée inutilement contre de paisibles citoyens.

Mais le plus connu et le plus populaire est celui qui eut pour héros principal, le barbier Masse. Sa maison, atteinte par les boulets, s'écroulait. Il en prit gaiement son parti en s'établissant dans la rue. Une bombe éclate et à peine la fumée est-elle dissipée qu'il ramasse un des morceaux, y fait mousser son savon comme dans un plat à barbe et rase successivement *quatorze ou vingt-deux citoyens* au milieu d'une foule qui riait aux éclats, car la gaieté française ne perd jamais ses droits.

« Né à Aire (Pas-de-Calais), *Maës*, suivant son acte de mariage, ou *Masse*, selon son acte de décès et celui de sa femme, s'est marié à Lille âgé de 25 ans, le 6 novembre 1786 et y est mort le 30 avril 1823.

Il paraît avoir eu une existence assez tourmentée. Après avoir été barbier-perruquier, il devint employé aux assignats à Alost et à Bailleul, puis il revint à Lille, amassa une petite fortune on ne sait pas bien comment, devint agent de change, et, enfin, se ruina. Il est mort rue Basse, 38, où sa femme, Hennion, Marie, anciennement « monteuse de mode » tenait à cette époque une pension bourgeoise. Madame Masse est décédée à Lille, le 25 octobre 1826.

Un tableau du musée de Lille, signée : *L. Vatteau*, 1793, figure au catalogue sous ce titre: *Le plat à barbe lillois*. Ce même sujet, pris pour enseigne par des perruquiers, des cabaretiers, etc., a d'ailleurs été maintes fois traité par le dessein, la peinture, la sculpture et le burin ; il l'a été maintes fois en prose, en vers, en chansons; plusieurs journaux Lillois ont eut pour titres, l'un, le *Barbier de Lille*, l'autre, le *Barbier Maës;* une opérette intitulée le *Siége de Lille* ou le *Barbier Maës* a été représentée à Lille en 1858, enfin, par arrêté municipal du 2 Mars 1883, la dénomination de rue du *Barbier Masse* a été substituée à celle de *rue du Prez*.

Il est regrettable qu'on n'ait conservé le nom d'aucun des citoyens « qui riaient » dit l'historien Victor Derode « au milieu du fracas des batteries ennemies. »

Suivant un dessin fait sur les lieux par l'architecte Charles Verly, témoin oculaire, lequel est catalogué sous le numéro 968 du musée Wicar, de Lille, ce n'est pas *quatorze*, comme on l'a dit maintes fois, mais *vingt-deux citoyens* qui se sont livrés à cette plaisanterie patriotique. On lit, en effet, ceci, au bas du-dit dessin : « Après huit jours et huit nuits de bombardement, excédés de veilles et de fatigues, *vingt-deux voisins* se firent raser dans un éclat de bombe qui leur servit de plat à barbe. Ce fait se passa rue du Vieux-Marché-aux-Moutons, le 6 d'octobre, l'an 1er de la République française. »

On devrait bien, selon nous, placer à la façade de la maison qu'occupait Masse, une plaque en marbre avec ces quelques lignes comme inscription.

BEAUVAIS. IMP. PROF., 4, RUE NICOLAS-GODIN, 4.

www.ingramcontent.com/pod-product-compliance
Lightning Source LLC
Chambersburg PA
CBHW061816040426

42447CB00011B/2682